바람의 악보

김보웅 시인

- 김보웅 시인은 울산 출생으로 2023년 계간《부산시인》으로 등단하였다. 부산시인협회 회원으로 활동 중이며 시집으로 『눈 속의 바람꽃』, 『바람의 악보』를 상재하였다.

- E-mail : kbow0401@daum.net

빛남시선 165

바람의 악보

김
보
웅

시
집

빛남출판사

• 시인의 말

사그라져 가는 석양을 매달고
저녁 노을 위에 앉아
지나버린 시간들을 더듬어 본다

알차고 싱그럽게 꾸미지도 못한 채
엉거주춤 서성이며
강물에 떠가는 낙엽을 바라보다
詩를 쓰기도 하고
가끔은 밤바다를 찾아
비릿한 향기를 마시며
詩를 써 보지만
덜 익은 과일처럼 떨떠름하고
어린아이 걸음마처럼 삐뚤빼뚤하다

그러나
그 안엔 나름의 즐거움이 있어
활기를 북돋아 주는 쉼터이기도 했다

詩를 쓰는 순간만큼은
행복이 스며드는 바람이었다

김보웅

시인의 말 • 7

1부 언젠간, 새봄

돌탑 • 14
별에게 • 16
발걸음 멈추는 곳 • 17
조약돌의 노래 • 18
여유로운 마음에 • 19
나루터의 고요 • 20
청평사 강물 위에서 • 21
회오리 바람 • 22
웃음꽃 23
소풍길 • 24
네잎클로버 • 26
돛단배 • 27
쉼터 • 28
마무리 • 30
무게 • 32
바다에 머물다 • 33
돛과 바람의 노래 • 34
산속의 시간 • 36
언젠간, 새봄 • 38

2부 그 여름, 우리

그냥, 안부 • 42
새벽 5시 • 44
인연 • 45
부지깽이 • 46
시장국밥 • 47
어머니의 숲 • 48
벚꽃이 필 때면 • 49
새벽 별을 줍는 시간 • 50
영상통화 • 52
옹알이 • 53
언젠가, 고향 • 54
흑백 텔레비전이 있던 마을 • 55
누렁이와의 새벽 • 56
사랑한다는 말 • 57
향수 1 • 58
향수 2 • 59
석별 • 60
호롱 • 61
그 여름, 우리 • 62

3부 어디쯤, 가을

어디쯤, 가을 • 66
산 위의 섬 • 68
가을 하늘 • 69
바우의 노래 • 70
글(書) 속의 아이 • 72
길 • 74
지팡이 • 75
둔갑질 • 76
변신 • 78
섬 • 80
세월의 마디 • 81
바람 같은 사람 • 82
찬바람이 불면 • 83
풍선 같은 마음 • 84
이곳에 머문다 • 86
어스름에 기대어 • 87
세월의 틈새에서 • 88
후회 • 89
이제는, 그냥 • 90

4부 뒤안길, 겨울

수평선 • 94

색소폰 • 96

거울 속 카멜레온 • 98

잔 속에 빠지다 • 100

뒤안길, 겨울 • 101

바람의 악보 • 102

고목 • 104

겨울비 • 105

포구의 전사 • 106

포구의 밤　107

일요일 • 108

목련 • 110

억새 • 112

획을 그으며-귀락헌 • 113

봄날의 흥취 • 114

산사의 밤 • 115

해설_시간의 표정들을 현상하다 / 정익진 • 118

1 언젠간, 새봄

돌탑

마음이 무거울 때면
부처님 숨결이 울리는
고요하고 정갈한 산사를 찾는다

맑은 정기를 들이마시며
스님이 닦아 놓은
꼬부랑 오솔길을 따라 오른다

가파른 모퉁이마다
작은 돌무덤들이 하나둘 쌓여 있고
나는 그 언저리에
조심스레 돌 하나 얹어 놓는다
울퉁불퉁한 못난 마음
씻어 내고 싶어
정성을 다해 쌓는다

가는 길 위로
따스한 햇살이 스며들고
숲속의 향기를 품은 발걸음은

반야심경을 읊조리며 묵묵히 이어진다

언젠가는
내 마음에도 정성이 겹겹이 쌓여
무너지지 않는
기품 있는 돌탑이 되어 있겠지

별에게

밤하늘에 내 별을 심었다

가끔 어둠이 내려앉으면
그 별에 마음을 털어놓는다

고요한 가을 밤
잎새 사이로 영롱하게 웃는 그 빛
내 가슴 한켠
어둠을 쓰다듬어 준다

밤이슬 차가운 줄도 모르고
하루의 말을 주렁주렁 쏟아내면
별빛이 조용히 내려와
내 마음 틈에 머문다

주절거리던 말들이 빛 속에서 숨을 고르고
나는 말 없는 마음으로
그 자리에 잠긴다

발걸음 멈추는 곳

동서남북
마음의 길 위에
방랑의 회오리 바람이 분다

무거운 짐 내려놓고
구름처럼 바람을 타고
텅 빈 조각배를 저어본다

이정표 하나 없는 바다 위
바람이 이끄는 쪽으로
노를 놓는다

저녁노을 베고
길게 누운 구름 한 조각
붉게 물들다 사라지고

뒷산에 초승달 걸릴 때까지
그냥
쉬었다 가세

조약돌의 노래

억겁의 세월 틈에 파묻혀
이름 없는 어둠 속에서
숨 죽이며 몸부림치던 돌멩이의 생애는
찢겨진 인고의 시간

밀고, 당기고, 부수고, 구르고
수천만 번 살아남으려고
발버둥치며 파도와의 싸움질

깜깜한 바다 속의 전쟁터
듣는 자도, 보는 자도, 아무도 없다

긴 세월
두들기면 얻어맞고 굴리면 구르고
우주가 하는 대로 따라하는 돌멩이

언젠가는 작은 조약돌로 단단해지겠지
검은 윤이 번지는 나만의 결을 따라

차르르, 차르르
빛나는 현악기의 울림처럼

여유로운 마음에

구름 같은 마음, 주머니를 비우면
꽃바람이 다가와 바다처럼 안아준다

늦으면 늦는 대로
빠르면 빠른 대로
느긋함에 한가로움이 찾아든다

가고 싶은 곳 어디든
이 산 저 산 정기 받아 마시고
이곳 저곳 벗님 찾아
술잔에 달콤한 향을 담는다

보이는 곳도, 생각하는 곳도
마음에서 발돋움하니
여유로운 여백에 향기가 가득

꽃바람 타고 웃음 동산에 오른 듯
구름처럼 둥둥 뜨는 기분
여유로운 마음의 하루

나루터의 고요

호숫가의 빈 배 위에
고요가 내려앉는다
바람도 구름도 기웃거리며
물결에 실린 속삭임을 듣는다

갈대숲 춤사위 따라
청동 오리도 물결에 몸을 싣는다
강물은 경쾌한 박자로 출렁인다

동짓달 긴 밤, 어머니 길삼에
한 올 두 올 짜여지는 삶의 언저리

깊어가는 밤 고요 속에
어머니의 숨결
은은히 퍼져 가는 이 밤

청평사 강물 위에서

오봉산 청평사 가는 나룻배
사연 실은 관세음보살
소양강 바람 타고 강물을 가른다

한적한 산사에서 굽어보는 강물
가부좌한 산 위로 구름이 넘어가고
처마 끝 풍경 소리 해거름에 누울 때

목탁 소리 울리면
산새들도 따라 우짖으며
숲속 향기 어린 바람이 찌든 마음 씻어준다

매월당 머문 너럭바위에 정좌하여
시 한 수 읊으면
신선이 된 듯 흰구름 타고 산사를 굽어본다

천 년 사찰의 정기 받아
물소리 바람소리에 마음 비운다

회오리 바람

숨 막힐 듯 꽉 찬 아파트 숲
고요한 듯하지만 회오리바람 분다

밀고 당기고 엉키면서
앞으로 가도 등 뒤로 부는 바람
헛디딘 공간을 헤매는 사람들

해바라기 꽃을 쳐다보다
민들레 꽃을 밟고
내려다보는 미련의 쓴 웃음들

새들도 헛디딘 공간이 있을까
강물 위에 반짝이는 작은 물방울도
햇빛을 보며 찬란함을 생각한다

저녁 노을 안고 날아가는 새들처럼
거꾸로 부는 바람 피해갈 곳은 없을까

맞바람이 불어 흔들리는 날에는

웃음꽃

때때로
숨이 막히고
분노의 틈에 갇혀 허우적인다

새벽
안개 낀 숲을 등에 지고 가슴에 안고
좁은 길을 스쳐 지나간다

그때
누군가의 미소가
따뜻한 향기로 퍼진다

어느 한순간 생각이 잠시 멈추면
웃음이 전율처럼 번지고
싸늘한 가슴에 꽃망울 하나 피어난다

이곳 저곳
가벼워지는 발걸음
스치는 바람도 웃음꽃 따라온다

소풍길

들뜬 기분은
연기처럼 피어오르다 사라진다
그래도 그 순간은 희망의 날개다
사는 것이 소풍 같은 길이기에

방향을 잃으면
가시밭길 천리만리 낭떠러지 길
뒤돌아보면 아득한 한숨
그래도 가야 하는 윤회의 소풍길

너와 나는 어이타
천생연분 인연이 되었을까
너도 가고 나도 가야 할
꼬불꼬불 보이는 저 길

좋아서 웃고 슬퍼서 울고
사랑스러워 행복을 업고 이고 지고
미움이 가시처럼 주렁주렁해도
깊은 인연이기에 손잡고 가는 길

한세상 살다 갈 인생 소풍길
개똥밭에 굴러도 이승이 좋다 하니
그냥 어울렁더울렁 즐기며 살다가
소리 없이 훌쩍 떠나자고

네잎클로버

알프스 산기슭에서 피어난 들풀 한 잎
운이 좋아 고운 옷 갈아입고
수만 리 별빛 속을 건너
효심 가득한 마음에 담겨 왔다

선한 소년의 숨결이
새싹처럼 번지며
아름다운 쉼터를 만든다

봄바람을 기다리는 마음처럼
행운의 고동 소리가
바람 타고 어디로부터 들려와
마음 한켠을 흔들어 놓는다

수많은 마음에 파동을 일으키고
내 마음도 훔쳐간
한 줄기 들풀의 결

그 이름,
네잎클로버

돛단배

여명이 싹트면
구름에 돛달고 여로의 쉼표를 찾아 달린다

검붉은 물결은 선한 가슴을 두드리고
뱃전에 찰랑이는 울림은
옛 선비의 거문고 소리

눈 감고 있어도
바람은 등에 업혀 길을 찾고
배 지난 자리에 흰구름은 벗이 되어 따라온다

침묵 속에
힘든 세월 주무르며 돛 줄을 움켜쥐고
적막을 가르며 나아간다

하늘빛을 닮은 바다
말없이 나를 감싼다
오래된 품처럼, 어머니처럼

쉼터

한평생 좁은 길을 밀고 나왔다
틀에 갇힌 듯 버둥거리던
모래알 같은 날들이었다
한 줌 쥐어보니
그건 결국 바람이었다

뒷짐 지고 서성이니
찬바람이 등을 툭 치고 지나간다
저녁 노을 스미는 숲 저편
어렴풋이 번지는 꿈 하나
잡힐 듯하다가 스러진다

이리저리 둘러보아도
썰물처럼 빠져나간 빈 자리에
그저 백사장을 걷는 그림자 하나
스산한 강바람만 가슴을 스친다

양지 바른 곳에 꽃동산을 만들어
바람도 구름도 잠시 쉬어갈 쉼터로

포근한 집 하나 조용히 꾸며 놓으니
마음은 어느새 구름처럼 가볍다

우리가 향하는 그곳
영원한 꽃동산의 쉼터

마무리

거울은 마음을 본다
호수에 비친 달을 보듯
볼 때마다
구겨진 양심을 나무란다

머물던 자리
저질러 놓은 각색들
내일은 내가 마무리하라 한다
끝을 잘 맺으라 한다
아름다움은 거기 있다고

질서는
평화로운 쉼터가 되고

깨끗함은
청순함과 지혜로움을 품고

아름다움은
즐거움과 행복으로 번진다

홀가분함은
내일의 희망을 여는 열쇠

마무리는
온정이 고이는 샘터다

무게

삶은 무겁다
마음 깊이 눌린 채
들어도, 짊어져도
쉽게 풀리지 않는 짐

꿈 하나 가슴에 품으면
꺼져 가는 불씨를 살리는 바람 되어
희망 하나 숨 고르며
조용히 솟구칠까

감당할 수 있다는 마음으로
묵묵히 길을 딛는다
소리 없는 발자국들이
시간을 따라 길을 열면

어둠 속 빛이 스며들듯
봄바람에 눈이 풀리듯
마음의 짐 사르르사르르
솜털처럼 가벼워진다

바다에 머물다

생각이 잠기는 바다
바람을 타고 고향의 냄새가 스며든다

침묵으로 밀려오는 파도 소리
파장을 그리며 지나간 기억을 어루만진다

안개가 걷히면
그리움도 햇살에 녹아들고
바다는 어머니의 품처럼
지친 하루의 마음을 가만히 덮어준다

한 걸음씩 다가가면
보이지 않는 끝자락에서
황혼의 띠가 나를 감싼다

출렁이는 물결의 숨소리에
귀 기울이다 잠들곤 하는 바다는
꿈의 언저리를 조용히 다독이고 있다

돛과 바람의 노래

구름에 돛을 달고
새벽의 쉼표를 찾아 달린다
검붉은 물결은
뱃전을 찰랑이고
그때마다 거문고 소리가 울렸다

눈을 감아도
바람은 등을 밀어 길을 찾고
배 지나간 자리에 남은 흰 구름은
벗이 되어 묵묵히 따라온다

침묵 속에서
힘든 세월을 주무르며
돛줄을 움켜쥔다
적진을 향하듯
바람에 몸을 맡긴다

맑은 하늘의 정기가
바다를 부드럽게 쓰다듬고

잔잔한 물결은
포근한 어머니의 품처럼
나를 안아준다

돛과 바람은
시간과 공간을 잇는 노래
그 끝없는 선율 속에
나 또한 조용히 흘러간다

산속의 시간

계절이 옷을 갈아입을 즈음
산속 암자를 찾는 발걸음에
어린 다람쥐 하나, 마중하듯 반긴다

계곡물에 마음을 씻고
숲의 향기를 넘실거리며 들이킨다

햇빛이 조물조물 스며드는
벚나무 아래 앉아
명상의 시간으로 마음을 내려놓는다
은은한 풍경 소리 따라
떠도는 구름도 함께 머문다

이 능선 저 능선에서 산새들 모여든다
작은 공연장이 열린다

바람을 악보 삼아
잎새 위에 음표를 얹고
산새들 노랫소리 숲속을 물들인다

나는 움직이지 않은 채
해 저무는 줄 모르고
앉은 채 바위가 된다

그림자 사라지면 하나 둘 떠난 자리
짙어지는 석양이 머문다

언젠간, 새봄

시끌벅적한 바람이 지나간다
밍크 잠바도 무거워
장롱 속 제자리로 돌려보낸다

기다림으로
바람과 꽃과 공기에도
저마다의 사연들 엎치락뒤치락이다

웃기기도, 울리기도 하는
변덕스런 마음을 안은 채
얼어붙은 창을 열어보니
봄옷을 입은 바람이
창가에 기대어 눈웃음 친다

온 세상 골목마다
스산한 안개가 구석구석 퍼져 있고
숲 어디에선가
새싹들이 조용히 몸을 틔운다

그럴수록 생각나는 사람들
조금씩 녹이며 꺼내다 보면

봄을 맞을 준비는
그리 가볍지 않다

2 그 여름, 우리

그냥, 안부

두 사람은 오래된 거울
함께 숨쉬는 그림자
양들은 짝을 지어
우리 곁을 떠난 지 오래다

팔십 고개는 앞산 언덕
구십 고개는 뒷산 언덕이 되었고
시간은 바람처럼
언덕을 스쳐 내려간다

커피잔을 들고 눈을 감으면 묻는다
"무슨 생각을 해요?"
"그냥."

"오늘 뭘 했어요?"
"그냥."

잠결에 숨소리가 들리지 않을 때
덜컥 겁이 나 흔들면

깨어난 얼굴은 무심히 묻는다
"왜 그래요?"
"그냥."

그냥,
그 단어는
저승길
내일의 안부다

새벽 5시

새벽 5시
나는 아내의 숨소리를 체크하며
잠에서 깨어난다

고르고 잔잔한 숨결이 손 끝에 닿고 나서야
그날의 평화가 묻어난다

창밖의 어둠은 아직 밤과 아침 사이를 맴돌고
부엌의 시계는 하루를 조심스레 넘긴다

아내의 숨소리는
오래된 자장가처럼 새벽을 깨운다

커튼 틈새로 스며드는 여명의 희미한 빛,
잠든 얼굴은 고요한 풍경,

나는 그 풍경 속에서
작은 숨소리의 파동을 마음에 새긴다

인연

굽이굽이 돌고 돌아
삶의 길목, 수많은 사람 중에
단 한 사람, 당신

지치고 흔들릴 때마다
기대어 쉴 수 있었던 어깨가 되어 준
선한 사람, 여정의 동행자

둘이 아닌 하나의 마음으로
꽃잎이 햇살에 웃는 것처럼

변함없는 진실된 가슴으로
정 주고 받으며 꿈을 찾아간다

거친 세월, 한 떨기 꽃을 키우듯
따뜻한 인연 위에 서로의 삶을 맡기고
당신과 나의 오늘을 살아간다

부지깽이

엄마는
달갑지 않은 너를 움켜쥐고
한숨처럼 묵은 한을 뱉어냈다

불구덩이 속에서도 두려움 모르는 너
타들어 갈 때마다
엄마는 그 재를 닦아내며
홧병 다스리듯 손끝에 새겼다

타지로 떠난 자식의 얼굴은
새까만 손끝에서 허공으로 그려졌다
그 얼굴 바람 속에서 떨다
매운 연기처럼 사라졌다

엄마의 시간
그 손끝에 남은 흔적들
잿빛 기억 속에서
바람과 불, 그리고 먼지 사이를 떠돈다

시장국밥

어머니의 손맛이 그리워
기장시장을 찾는다

까실이, 톳, 청각, 미역,
해초류가 봄의 숨결처럼
싱그럽게 진열되어 있다

한파가 꽃샘하듯 몰아치는 바닷가,
손발은 꽁꽁 얼어붙지만
붉은 매화 이내 속내를 터트릴 듯
아슬아슬 비밀스럽다

까맣게 그을린 단골집 아지매,
가마솥 뚜껑 열었다 닫았다
온기 속으로 잽싸게 끌어들인다

푸짐하게 전해지는 뚝배기 한 그릇
어머니의 기억이
내 안에 작은 우주를 만든다

어머니의 숲

숲속의 맑은 공기가 창문을 두드린다
어머니, 새벽부터 산을 오른다

잠이 깬 숲은
리듬을 타며 유희를 시작하고
햇빛은 나뭇결 사이로 흘러내린다

솔씨는 돛단배처럼
나뭇가지에서 미끄러지고
어머니는 그 길 위에서
바다를 떠올리며 숲을 걷는다

한철 쓰러진 솔잎은
마른 몸을 태워 따스함을 전하고

그리고 또
새벽이 오면
어머니는 떨어진 솔잎을 주워
아궁이에 불을 지핀다

작은 불씨가 깨어나듯
어머니의 하루도 다시 시작된다

벚꽃이 필 때면

벚꽃 숲 사이로 흰구름 떠오르면
우리 엄마가 생각난다
활짝 웃음 머금은 엄마의 모습 닮은 벚꽃
새들도 꽃향기에 취한 듯 파묻혀 있다

해마다 가족과 함께 걷던 벚꽃 터널
시간이 머물기를 속삭인다

내년에도 함께 거닐 수 있을까
예약할 수 없음에
시간을 벚꽃 나뭇가지에 매달고

꺼져가는 불씨처럼
멀어져가는 희망의 날개를 붙들고
화창한 봄 날씨에 마음껏 젖는다

어느새 동심으로 돌아가는지
우리 엄마가 보고 싶다
하얀 벚꽃이 휘날린다

새벽 별을 줍는 시간

새벽 별을 세며
이슬을 밟는 발자국
산등성이 너머
무논 물꼬를 살피는 당신
헛기침 사이로 흩어지는 담배연기
두루미 걸음으로 성큼성큼
논길을 가로지른다

삽날에 녹이 슬까
쉬는 날 없이 짊어진 삶의 무게
맹꽁이 울음이 따라오는 밤,
소쩍새 울음이 귀에 스며들고,
누렁이 먹일 풀 한 짐을 베어
땅 위에 내려놓는다
담배연기 속에 시름을 태우며
삶을 녹여내던 당신

흐르는 물처럼,
걸음걸음 다스리던 당신

이슬에 젖은 옷자락에는
찔레꽃 향기가 묻어났고,
솔바람이 그 향기를 말려
막걸리 한 잔에 마음을 녹였다

지금쯤,
소쩍새를 부르며
또다시 무논을 살피고 있을
당신의 발자국

영상통화

천 리 길보다 먼 만 리 길에 사는 우리 막내
한때는 유럽 하늘을 휘젓더니
이제는 지구 반대편 대륙, 뉴욕인가!

이곳이 낮이면 그곳은 밤
세계지도 펼쳐 점 하나 찾으려다
눈길 닿지 않는 그리움에 멈춰선다

그 먼 곳에서
어떻게 살고 있는지
손끝으로 작은 창 초인종을 누른다
― 연결 중

거실 소파에 앉아
커피잔을 들고 있다
작은 화면에 숨소리까지 또렷이 들리고
활짝 웃는 손주놈들 얼굴이
정월 대보름 달처럼 환하다

옹알이

선남선녀가 꽃구름 타고 안고 왔나
백일이 지난 하얀 장미 한 송이

두 주먹 불끈 쥐고
노 저으며 옹알옹알 웃음소리
눈 깜빡거림도 아깝다

눈 맞추면 싱글벙글 옹알이
웃음소리 풍선되어
꽃바람 타고 둥둥
담장 넘어 가는 귀한 소리

들녘에 꽃피듯 만발하면 좋으련만
이 사랑스러운 순간 잊지 않으려고
휴대폰 작은 화면 안에 담았다

가고 나면 꺼내 보고 또 보려고
증손자의 옹알이
시간 속에 저장해 두었다

언젠가, 고향

세월이 쌓이니
어린 아이처럼 나는 점점 작아진다

물안개처럼 피어오른
봄 아지랑이를 쫓아
달리고 또 달리던 물장구치던 그 시냇가

찔레꽃 향기 속에서
희희낙낙 웃으며 노래를 부르던
꿈 많은 소꿉친구들

까마득한 옛 시절,
기억은 조각조각 흩어지고
하늘도 바다도 그때와 다르지 않은데
이젠 찾을 수 없는 옛 모습의 향수

낯선 이방인이 되어 떠도는 나그네지만
나의 시작이 머물렀던 그곳,
고향이라 불렸던 이름

흑백 텔레비전이 있던 마을

반세기 전
TV 드라마 여로가 방영될 즈음
고요한 어촌 마을 작은 울타리에
텔레비전 안테나를 세웠다

백여 가구가 모인
흙과 바다의 생활 터전에서
희로애락을 함께했다

저녁이 되면
흑백 텔레비전 앞에 모여 앉아
이웃 마을까지 동원되는 훈훈한 밤

초가집 마당은 어느새 작은 극장
어르신들 주안상 준비에
행주치마 분주하다

별빛 마중에 잔잔히 잠자는 바다
어촌 풍경의 정겨움
그 향수, 잊힌 골목길
고요한 파도처럼 마음 깊이 남는다

누렁이와의 새벽

참새들의 나팔 소리가 침묵을 깨우는 새벽
누렁이는 워낭을 흔들며 귀를 세운다

"잠은 잘 잤니?" 물으면
두 눈을 깜박이며 머리를 흔들고
"가자" 하면 꼬리를 흔들며 앞장선다

새벽 이슬의 향기를 맡으며
밭둑 아래 돋아난 새싹들을 뜯으며
차곡차곡 배를 채운다

"물 마시러 가자" 하면
또랑물 찾아 꿀꺽꿀꺽 들이키고
말없이도 집으로 발걸음을 돌린다

어릴 적 함께한 시간 속에서
숨결 하나로도 서로를 알아보던
누렁이와 나의 교감은, 말보다 더 깊은 믿음이었다

이제는 전설처럼 남은 그 추억

사랑한다는 말

한아름 안고 있으면서도
차마 꺼내지 못하는 그 말

왜 못 하나?
쉬우면서 어렵고
생각하면서도 쉽지 않은 그 말 한마디

혼자만 갖고 있으면 누가 알아 주나
쑥스러워서 혓바닥에 침 바르고 울렁이다
뒤늦게 펼쳐 보려니 계절이 바뀌어 있다

가시덤불 속에 핀 찔레꽃처럼
아름다운 향기 같은 한마디 말

지금이 아니면
다시는 피지 않을 수 있는
입술 끝에 머물던 그 말

오늘은 당신에게 건넨다
사랑한다 그 말 한마디

향수 1

바다에 풍덩 몸을 던지던 자그마한 나무가
시간의 파도를 건너 산마루 위 고목이 되었다
바다는 그대로인데

별이 되기 위해
동이 트면 이십 리 길을
여섯 해 달음박질하던 작은 몸뚱이

좁은 오솔길 지나 공동묘지 가로지르며
암벽 같은 돌계단 오르락내리락

떨어지면 바위 숲, 바다
이따금 산짐승 출몰의 전설에
땀에 젖은 옷자락에 소금꽃이 핀다

가운데 中, 높을 高
수호신 같은 힘을 불어주는 희망
뿌리가 튼튼해 휘감고 간 세월에도
끄떡없는 고목

향수 2

계절 따라 피고 지던 반갑던 꽃망울
산업 도로에 삼켜지고
가로등만 줄지어 반겨 준다

천혜의 아름다움
구름 따라 사라질까봐
옛 모습 그림으로 남겨
양지바른 마을 어귀에 걸어두고 싶다

인내심을 기르던
발자국과 숨소리
술잔에 담아 보지만
옛 얘기를 나눌 벗 하나 없다

향수에 젖은 추억
먼 수평선만 바라보는 망부석의 노을
그래도 찾아가고 싶은 고향 하늘
나는 한 그루 고목이 되어 선다

석별

봄의 길목, 진눈깨비가 모질게 내려
이별의 정을 시리게 적시던 교정

태화강은 말 없이 흐르고
물오리떼 날갯짓에 갈대숲 조용히 너울거렸다

개비고개엔 아파트 숲만 무성하고
아카시아 향기 전해오던 날 만나자며
눈웃음 짓던 꿈은 무지개 너머 묻혀버린 메아리

구름도 쉬어 가던 작은 숲 언덕 아래
돌탑 하나 쌓아 두고
보고 싶은 이름을 새겨 놓았다

마음 속 여백에 그 얼굴 담아 두면
언제든 꺼내볼 수 있으리라

눈 내리는 날 헤어짐이 아쉬워
함성으로 세상 문을 열던 그날의 교정

호롱

책장 한켠, 작은 도자기 하나
세월의 숨결이 미세한 숨소리로 깃든다

호롱불 켜지면
돋보기를 낀 할머니의 손끝
바느질 따라 흔들리던 초승달
문풍지에 스며드는
적막의 손길이 어깨를 어루만진다

달이 지고
별빛이 쏟아지는 초가집 마당
뒤척이는 숨결마다 자라나던 꿈
파도에 감겨 조용히 잠든다

그 밤의 고요 속
호롱불처럼 흔들리던 이야기들
지금도 가끔 내 안을 밝힌다

그 여름, 우리

내가 자란 바닷가는 한 폭의 그림
바위들이 굳셈을 자랑하듯
옹기종기 동심을 불러 모으는 곳

파도도 타고
조약돌 밟으며 뒹굴면서
꿈을 키우던 꼬맹이 친구들

굴렁쇠 굴리며 구구단 외우던
철부지 어촌 마을의 소중한 벗들
어느 곳에서 어떻게 살고 있는지
몇이나 남아 있는지

자주 만날 수 없어도, 멀리 있어도
가만히 불러볼 수 있는 이름
보고 싶은 얼굴들
만나면 알아볼려나

세월은 우리를 멀리 데려갔지만
그 시절의 웃음과 눈빛은

여전히 마음 한켠에 살아 있다

나에게 소중한 친구가 있다는 건
바람 부는 날에도 흔들리지 않는
따뜻한 그리움이고
오래도록 간직할 행복의 이름이다

3 어디쯤, 가을

어디쯤, 가을

무엇에 쫓기듯
뒤돌아보는 발소리
가랑잎 따라 걷다 보면
황금 들녘의 향기가
가만가만 등을 두드린다

가을은
더 깊은 오솔길을 걷고 있고
산과 들은 횃불처럼 타오르는데
나는 어디로 가고 있는 걸까
구름이 묻는다

가을빛 스며드는 언덕에서
익어가는 향기를 들이마신다
그리움처럼 번지는 냄새
낙엽 진 호숫가를 거닐면
산 너머 머무는 조각 구름이 손짓한다

기러기 떼 날아드는 지평선 너머
꽃마을로 향하는 빈 지게
봄이 오면 떠나는 철새처럼
나는 어디를 향해 가고 있는 걸까

가을이 깊어질 무렵
조용히 물어 보자
가벼운 단풍잎에게
그곳이 어디든
천천히, 아름답게
걸어가 보자

산 위의 섬

산에 올라 나는 섬이 되기로 했다

바람은 고요를 깨고 나를 휘감고,
구름은 발 아래 흘러간다
나무들이 속삭이는 사이
사방으로 번지는 침묵

나는 점점 섬이 된다
바람은 파도가 되고
잔잔한 햇살은 등대처럼 나를 비춘다

산 능선은 수평선처럼 펼쳐지고,
나는 그 중심에 떠 있는 고독한 섬이 된다

휘어진 나뭇가지 끝에 매달린
마지막 잎새처럼
나는 이 산의 끝에서 흔들리며 머문다

섬이 된 나는 바람 속에 녹아들고
구름 사이로 나의 그림자만 흐른다

가을 하늘

푸르고 싱싱하던 그때는
봄날이 좋더니 산 봉우리에
백설이 성성해 오니 가을이 좋아진다

유리알 같은 청명한 하늘에
솜털 같은 흰구름의 여유로움
모여 드는 눈망울들의 환호성

그림 전시장 같은 숲속의 숨결
계곡물 따라 노래하면
장단 맞추어 주는 홍단풍의 어깨춤

어느 순간 굳어 버린 발걸음 소리
황홀함에 누워 하늘을 보면
함께 즐기자고 산새들이 몸을 흔든다

그림자 짙어 오면
하나둘 별들의 향연에 소쩍새 마중나가고

호수에 뜨는 달 붉다

바우의 노래

바우는 어릴 적 내 이름
할머니가 줌치 속에서 꺼내 준
바우야 바우야

며칠 전부터
바람 속에서 되살아난다
시간은 돌처럼 무겁게 내려앉고
목소리는 파편이 되어
노송의 가지 끝에 걸린다

흔들림은
소리 없는 언어로 번지고
세상은 한 순간
침묵과 울림의 경계가 된다

바우라는 이름
한때는 나였고
지금은 바람과 시간을 스치는
투명한 메아리

어디에도 닿지 않는
그러나 어디에나 스며드는 흔적

집앞 바위와 노송이 남은 그 자리
침묵 속에서
할머니의 목소리
파도가 되어 흐른다
바우야 바우야

글〔書〕 속의 아이

여섯 살 꼬마가
하얀 종이에 무궁화를 그려놓고
손뼉을 치며 하늘로 달린다
나중에 무궁화 집을 짓겠다고

엄한 스승은 회초리를 흔든다
글을 읽으라고
글 속에 원하는 것이 모두 있으니
소리내어 읽으라고

천자문, 사자소학, 명심보감…
장독대 옆 감나무 아래에서
높낮이 다른 악보처럼
리듬을 타며 시간을 잊게 만든다

울타리 위 참새가 모여들면
길손은 걸음을 멈추고
꼬마들도 하나둘 모여 앉는다
삼강오륜이 감처럼 익어간다

묵향이 스며들면
마음은 수정처럼 맑아지고
정신은 구름 위를 나는 학이 된다
붓 끝은 중봉을 휘어쥐고
시간을 눌러 쓴다

밤이면 호롱불 아래
샛별이 뜨고
초승달이 처마에 걸린다

꼬마는 펼쳐진 글들을 안은 채
사르르, 잠에 든다

길

이정표 없는 길
보이지 않는 어둠
그 너머는 어디일까

돌아본다, 지나온 자리
그곳은 여전한데
흔적은 어느새 지워졌다

한 번도 가본 적 없는 곳
나는 바람을 따라 가려 했지만
구름에 이끌리고 있다

그냥,
두려움과 말 없는 공포를 안고
뚜벅, 뚜벅, 걷고 있다

누구나
멈추는 순간까지 그 길을 걷는다
오늘도, 어딘가를 향해

지팡이

덕유산 정상에서
고목이 된 주목 한 그루를 만나
곧은 가지 하나로 의지의 힘을 만들었다

서로의 무게를 나누듯
나는 너를 너는 나를 기대며
한몸이 되고 싶어 움켜쥔 마음

멈추지 않는 시간에 빛은 사라져
윤곽마저 풀려버린 나
너를 안아 단단히 다진다

외나무다리 위
흔들리는 발걸음마다
네 온기를 짚어
한 걸음 더 나아가리
비틀거림 너머 나를 세우는 너의 손길

둔갑질

더우면 더운 대로
추우면 추운 대로
그저 뿌리 내려 사는 일

숲은 말이 없다

파도에 얻어맞고
폭풍에 시달려도 굴하지 않는
단단한 바위의 기상은
수천 해가 흘러도
그 자리 그대로

바위는 말이 없다

그러나 나는
잘난 척
아는 척
가진 척
늙음을 젊은 척

변장 중이다

이제는 그만

머리에 서리가 내려도
이마에 밭고랑이 패여도
물이 흐르듯
있는 그대로 흘러가야지

둔갑질은
이제 그만

변신

어느 순간
비바람이 소리 없이 지나가고
산봉우리에 하얀 눈송이 하나 피어난다

가슴은 아직 봄인데
생각은 어느새 가을을 걷는다

아지랑이 피는 꽃밭을 향해
달려가려 하면
다리가 마음을 따라오지 못한다

그제야 알겠다
시간은 언제나
마음보다 먼저 걷는다는 걸

나도 모르게
삶의 흔적들이
천천히 나를 바꿔놓고

이마엔 밭고랑 같은 주름이 이어지고
얼굴엔 가지꽃 같은 시간이 피었다

연두빛 잎사귀는
어느새 단풍 옷을 갈아입고
거울 속 그 얼굴은
익숙하면서도 낯설다

나조차 모를 만큼 변한 얼굴 앞에서
놀란 가슴 멍하니 머문다

섬

텅 빈 하늘가에 하얀 점 하나
소리 없이 번지다
그림자처럼 스며들어 사라진다

바람이 파도를 부추기면
부서지는 물살 너머
등대 불빛은 보일 듯 말 듯
조각배 하나, 묵묵히 갈 길을 찾는다

명산 팔부 능선에 앉아 바라보니
나는 작은 섬
시류의 거센 바람에 나부끼며 흔들린다

찬바람이 스치면
휘어진 가지 끝에 매달린 잎새 하나, 둘
가을빛 옷으로 갈아입고
산울림 속으로 흩어지며 사라진다

구름 속 초승달처럼
나도 점점 고요한 작은 섬이 되어간다

세월의 마디

바람 따라 왔다 가는 빈 수레처럼
쉼 없이 돌고 도는 풍차의 날개처럼
세월의 모퉁이를 휘돌아간다

희망산 정상 찾아
어디가 힘든지도 모른 채
그저 바람결에 허덕인다

동행자도 없이 오르는 고갯마루
텅 빈 마음 안고
한 고비, 또 한 고비 하늘을 올려다보면
숱한 시련의 숨소리
허공에 나부낀다

숨이 차고 기운은 빠지지만
꺾이지 않는 절개 하나
그 마디마디, 굳센 세월이
내 안에 대나무처럼 자라고 있다

바람 같은 사람

보이지 않는 세월의 그물에 갇혀
허우적거리는 사람들
얽힌 실타래처럼 풀리지 않는 삶의 매듭을
조용히 감아 올린다

이리 갈까 저리 갈까
망설임은 바람 따라 흔들리고
안개 속을 걷는 발걸음
길 아닌 길을 걷는다

꽃씨처럼 날아가
뿌리 내려 살던 사람들
어느새 세월에 묻혀
홀씨 되어 사라졌나

이리 저리 둘러보고 찾아봐도
부서진 창가에 찬바람만 들락날락

어디로 간 걸까
바람처럼 지나간 자리 침묵만이 머문다

찬바람이 불면

찬바람 불면
등허리가 시렵다 하시던
어릴 적 할머니의 말

이제야 무슨 말인지
내가 알 것 같다

고목도 울고
호수에 비치는 달빛도 싸늘해지는 계절

동짓달 긴 밤을
아랫목 이불 속에 발만 넣고
군고구마 먹던 추억이 아련하다

찬바람 불어오면

풍선 같은 마음

연륜이 쌓여가니 바람 타고
어디론가 가고 싶다
뒤돌아보고 싶은 마음
보이지 않는 하늘 아래
구석진 모퉁이를 찾아 헤매며
흥얼거려 본다

그래도 그래도
아무 소용 없는 메아리
다시 한번 보고 싶은 그 얼굴들

가끔씩
옛 추억들 되살려 노래 부르고
아코디언 바람통을 터뜨리듯
밀고 당겨본다

밤이 되면
별들을 불러 모아
바람통을 주무르고

반짝반짝 웃음이 반겨주는 사이로
깊어가는 밤공기를 마시며
풍선 같은 마음을 싣고
흥얼거린다
추억의 소야곡을…

이곳에 머문다

오래전, 자그마한 소국의 도읍지였던
배산 성지 자락에 발을 디딘 지 반세기

넓은 가슴을 품고 있는 동백섬
유유히 흐르는 수영천 젖줄 같은 포근함
천혜의 아름다움이 얼싸안은 곳
산새들 합창에 솔바람 향기 춤추고

고향이 따로 있을까
마음이 머물고 정이 오가는 곳
이웃이 사촌이 되는 제2의 고향

소매 자락을 붙잡던 인심의 손길
그게 사람 사는 멋이고 삶의 맛이지

온유함과 선함, 믿음이 새싹처럼 돋아나고
연기처럼 퍼지는 시장터 사람 냄새

오랜 세월 다져진 믿음의 정이
오늘도 이 골목을 지킨다

어스름에 기대어

어스름 골목길 뒤돌아보면
구석구석 때 묻은 흔적들
소리 없이 스쳐간 세월만 한탄한다

산 정상에 내린 하얀 눈꽃은
춘삼월이 와도 녹지 않으니
시냇물 길러다 녹여나 볼까
가물거리는 발자취가 돋아나려나

대롱 대롱 매달린 나뭇잎새처럼
세찬 비바람 불어올까 숨죽이는 가슴
어린 아이는 어른이 되어 가고
노인은 어린 아이가 되어 간다

물안개 핀 물레방앗간 소리
청춘을 찾는 부르짖음인가
메아리는 정적을 불태운다

지금 이 순간이 행복이라면
향기 가득한 술 한 잔이면
그저 좋은 벗이 된다

세월의 틈새에서

메마른 순간 속
공허의 어둠이 깃든다
내 어리석음에
속을 태우는 자문과 되물음

의미 없는 웃음,
잊으려는 기억들
머언 기적 소리 전율에
가라앉은 공상들을 조용히 지운다

나는 그저
메아리로 남고 싶을 뿐
겨울 바다의 겸손과 지혜처럼
수평선이 다가올 때까지
영혼 깊은 곳의 울림을
하회탈의 서글픈 웃음으로 감추려 한다

낙엽이 뒹구는 세월의 틈새에서

후회

때는 늦으리
징검다리 건너 뒤돌아보는 강언덕
쌍무지개 피어 유혹한다

연기처럼 피어오르는 되새김의 넋두리
좀 더 기다리고 한번 더 생각하며
깊은 숨 마셔볼 걸

조롱새가 조롱하듯
지워지지 않는 젖은 마음
시냇물이 넘쳐 씻어주고
봄바람이 말려줄까

어디선가 다독이는 소리
귓전에 울려오면
차분히 가라앉은 듯 반성의 종소리
꼬인 마음을 풀어준다

다시는, 다시는
후회할 짓 하지 말자고

이제는, 그냥

마음이 수정알 같으면
보이지 않는 곳도 잘 보일 텐데

눈비 맞은 산길을 걷다
지친 걸음에
무거운 짐을 내려놓고
스치는 바람에
시 한 편 실어보낸다

가볍게 걷자
남은 인생의 고개

고희도 산수도
언제 어디로 지나갔는지
잊은 지 오래다

번잡한 마음은
나뭇잎처럼 떨쳐내고

봄날처럼
그냥 즐겁게 살아보자

숲에서 불어오는 향기를 마시며
새 옷을 갈아입은 듯
단정히 숨을 고른다

이제는 그저
가벼운 마음 하나로
조용히, 살아 있음을 느끼며
머물고 싶다

4 뒤안길, 겨울

수평선

생각이 머무는 그 끝
수평선은 말 없는 경계다

파도는 잔잔한 손짓으로
바다와 하늘의 경계를 어루만지고
구름은 흐릿한 그림자로
꿈의 잔상을 드리운다
수평선 너머
보이지 않는 끝이
나를 부른다

옅은 안개 속에서
시간은 구름을 타고 흘러가고
그리움은 파도의 속삭임 속에
흩어졌다가 다시 모인다
수평선의 침묵은
언어가 되지 못한 감정들
그들이 머물다 가는 무형의 집이다

노을은 황금빛 띠로
수평선을 감싸고
내 그림자는 물결 위에서
흩어진다
나는 끝없이 이어지는
수평선의 숨결에 귀를 기울인다

그 끝에서
나는 멈춘 채 흘러간다
수평선은 침묵으로 모든 것을 품고
그 품 속에서
나 또한 하나의 파도가 된다

색소폰

침묵의 방,
기계음만이 맴도는 고요 속에서
나는 색소폰을 꺼낸다
차가운 금속의 몸이
내 떨리는 손을 느끼고
숨은 관을 타고
부드럽게 흘러간다

첫 음이 공기를 깨우고
그 울림은 파도가 되어
너의 잠든 얼굴 위로 번진다
너는 깊은 바다 속에서
천천히 떠오르는 듯
움직임 하나 없는 눈가에
햇살이 닿는 것만 같다

음표들은 숨결을 대신해
너의 마음에 말을 건넨다
고요 속에 퍼지는 선율은

멈춰진 시간의 틈을 메우며
너의 이름을 부른다

"깨어나, 깨어나."
파도의 끝에서
작은 물결이 시작되듯,
너의 손가락 끝에
가늘게 떨림이 번진다

색소폰의 마지막 숨결이
너의 입술에 닿을 때
나는 본다
너의 눈꺼풀이
천천히 열리는 순간을

거울 속 카멜레온

둥근 달처럼 내 얼굴
거울 위에 뜬다
한때는 풀잎처럼
싱그럽던 시절도 있었으나
지금은
세월의 밭고랑이
낯선 이방인을 품는다

미동도 없이 굳어버린
석고상 같은 얼굴
시간은 이곳에 나이테를 새긴다
찡그리지 말라고
오늘은 웃어보라고
툭 툭
양 볼을 잡아당겨 본다

거울 앞,
카멜레온 한 마리가 서성인다
어느새 내 얼굴 속에 녹아들어

푸른 눈동자로 변한다

초저녁의 길 위 그 눈동자는
나를 대신해 외출에 나선다

카멜레온의 발자국 속에서
나는 잠시 나를 잊는다

잔 속에 빠지다

톡 쏘는 맛이 유리벽을 타고 흐른다
그 소리 낯설지 않다
시간의 틈새에서 새어나온 작은 선율
공중에서 궤적을 그린다

물방울이 춤추며 목젖을 스치고
현실은 희미해지고
세상에 없는 언어로 잔 속을 유영하는 남자

너를 부르는 순간
감정의 파도는 한 잔에 녹아들고
목 놓아 울고 싶었던 갈망, 물결 속에서 흔들린다

위하여,
물방울은 작은 폭포가 되고
잔 속에서 서로를 비추며 소리 없이 이어지는 여행길

그 한 모금 속에서 다시 태어나는
오늘 하루도 여행자가 된다

뒤안길, 겨울

투명한 숨결들이
차가운 공기 속을 맴돈다
하나가 둘이 되고 둘은 다시 하나로 스며드는
너는 붉은 파동, 나는 푸른 진동

회색 구름의 틈 사이
빛의 입자가 스며든다
희비가 교차하던 궤적 위에
화산처럼 솟구친 열정이 겨울 속으로 가라앉는다

폭풍이 지나간 뒤
비둘기 떼는 조용히 하늘을 가르고
맑은 바람 안에 머물며
그림자 하나, 뒤안길을 걷는다

남은 건
흔적 없이 사라진 계절의 뒷모습
사연만 남긴 채 비워진 운동장엔
싸늘한 바람만 홀로 나부낀다

바람의 악보

시골집 바람막이 울타리
갈바람을 타고 모여드는 귀뚜라미들
현악기와 관악기의 소리가
별빛 조명 아래에서 울린다

찢어진 문풍지 사이로 스며드는
들릴 듯 말 듯한 애잔한 곡조
석류화도 국화도
외양간 누렁이도 귀를 세운다

"귀뚜라미 찾으러 가자"던
희야는 어디로 갔을까.
그날의 정담은 흑백사진 속에서
빛바랜 그림자가 된다

콘크리트 숲속에 감금된 오늘,
산마루에 걸린 초승달을
끌어당겨 악보를 두드린다

여전히 처마 끝 갈바람 속에
머물고 있을 그 무렵

별빛과 바람은 노래가 되고,
기억은 그 위에 작은 쉼표를 찍는다

고목

이름 없는 능선 위의 버려진 좌표
주목 한 그루,
살아 천년 죽어 천년 병사처럼 버티고 있다

뼈만 남은 팔다리
말라 붙은 관절 속
움켜쥔 기억은 아직 움직이지 않는다

홀로 우뚝 서서
무엇을 기다리며 무슨 생각을 할까!
질문은 돌아오지 않고
기다림은 흙 속에 잠긴다

태어난 여기에 흙이 되어
오랜 침묵을 거름 삼아
말 없이 새싹 하나 밀어 올린다

언젠가 돌아오는 계절의 틈
고목에도 꽃이 필려나

겨울비

차창을 타고 흘러내리는 빗방울,
세상은 번진 잉크처럼
흐릿한 물결로 얼룩진다

비에 젖은 벚나무 가지는
마지막 잎새를 내던지며
바람 속에서 방향을 잃은 질문이 된다

텅 빈 가슴 속,
옛 친구의 얼굴은
흑백 사진 속 번진 그림자처럼
기억의 조각들 사이로 흩어진다

겨울비는 쉼 없이 내리며
빗방울마다 잠들었던 시간을 두드린다
깨워진 기억은
언제나 제멋대로 흐르고,
그 흐름 속에서
나는 다시 길 잃은 자신을 만난다

포구의 전사

통발선의 통통 울림은
전장의 북소리처럼
어부의 몸을 깨운다

두 팔에 힘을 싣고
어부는 여명을 지휘하며
바다의 심장 속으로 나아간다

포구 어귀에서
어부의 아낙은 두 손을 모은다

만선의 꿈은 바람에 실려
바다 위에 기도처럼 흩어진다

갈매기들의 비상과
어부들의 쉼이 엮인 포구
삶의 무게를 잠시 내려놓는
마음의 고향 그곳에서
바다와 사람은 끝없이 이어진다

포구의 밤

지평선 아래 노을이 짙어지면
포구의 등대는 깜박이며
침묵 위에 뱃머리를 눕힌다

초가 삼간에는
호롱불 밝히고 길쌈하던 할머니

문틈 사이로 스며드는 초승달
별들도 덩달아 창문을 두드린다

정담은 연기처럼 허공에 흩어지고
할머니 시집살이 전설이 귓가에 머무르면
샛별은 마당에 내려앉아 속삭인다

포구의 밤은
비스듬히 쏟아지는 불빛에 몸을 맡기고
긴 숨 고른 채
모던한 침묵을 노래한다

일요일

시월의 마지막 일요일
느긋한 기지개를 펴고 창문을 열면
새벽 공기가 투명한 손길로 닿고
창가의 화초들은 청아한 침묵 속에 서 있다

뒷짐을 지고 거실을 서성인다
무엇을 잊었을까
썰물이 흘러간 바닷가처럼
전화 한 통 없는 적막이
공간에 물결친다
텅 빈 하루는
고요의 틈새를 헤매는 유령 같다

햇살이 파고들어
고요를 시샘하듯 마음을 녹인다
마음은 설악산, 내장산으로 떠나자고 재촉하지만
발걸음은 스산한 공기에 얽매여
움직이지 못한다

향 짙은 커피 한 잔에
흘러간 시간을 적셔본다
그러나 시간은 이미
소리도 없이
어딘가로 흘러가 버렸다

앞산과 뒷산의 숲은
지금 서서히 눈을 뜨며
또 다른 세계로 이어지고
그 숲의 나뭇잎들 사이로
빛과 그림자가 춤추듯 얽힌다
이중 노출된 필름처럼
현실과 환영의 경계를 맴돈다

목련

산책길
길목에 서 있는 한 그루 목련
그 앞에서 걸음은 멈춘다

하얀 솜처럼
가지 위로 흰새들이 무리지어 앉은 듯
목련의 꽃망울은
시간 속에서 피어오른다

설한풍에 흔들리는 여린 마디마다
고귀한 지조가
침묵의 껍질을 뚫고 솟아난다
그것은 소리 없는 선언처럼
겨울의 잔해를 가른다

구름은 낮게 머물다 스치고
산새는 흔적을 남기지 않는다
목련은 흩어진 바람을 붙잡아
공간과 시간을 이어준다

봄이 오는 길목에서
한 그루 목련은
눈을 감은 채
우주의 작은 떨림이 된다
그 침묵 속에서
나는 잠시
내 안의 봄을 깨운다

억새

신불산의 억새들
구름떼로 흐르며 파도를 탄다
바람에 스며들어 산허리를 감싸고
허공으로 흩어진다

며느리가 다듬어 준
하얀 모시치마 저고리 입은
내 어머니의 모습
억새꽃처럼 피어난다

바람의 손길에 속삭이며 흔들리고
빛으로, 공기로, 기억으로 녹아 흐른다

시간이 그려낸 어머니의 춤
바람은 춤의 악보를 넘긴다
어머니의 하얀 옷자락
끝없이 이어지는 산등성이에
새하얀 전설을 남긴다

획을 그으며
– 귀락헌歸樂軒

시작의 울림도
마침의 울림도 없는 이곳.
잔잔한 화선지 위에 묵향이 스며들면

일필휘지로 흐르는 우아한 자태에
벽시계조차 숨을 멈추고
시간은 한 점 먹물로 고요히 머문다

배꼽시계가 돌아가는 소리에
거리의 풍경이 한 점 요리가 되고
오찬 위에 얹힌 풍미는
소맥 잔과 함께 흔들린다

어설픈 시 한 수라도 튀어나올까
쉰 목소리들 사이로
잃어버린 청춘의 잔향이 퍼진다

묵향에 취해 길을 잊는 이곳,
시간도 잠시 쉬어가고 있다

봄날의 흥취

밤사이 봄비가 보슬보슬
들릴 듯 말 듯 조용히 내린다

계곡에 쌓였던 눈이
소리 내어 천천히 노를 젓는다

돋아나는 새싹들도 새 옷을 갈아입고
햇살을 기다리며
잎맥 위로 조심스레 날개를 세운다

개구리와 산새들도
봄빛 속으로 몸을 던지고
동네 길목엔 이웃의 정담들이 스며든다

훈훈한 봄비의 향기에
구름도 바람도 잠시 길을 비켜주고

멀찍이 바라보는
농부의 뒷짐에 걸린 미소가 아름답다

산사의 밤

산사에 어둠이 깃들면
벚나무 가지에 초승달이 머물고
산새들은 범종 소리 속에 잠긴다

숲의 향기를 실은 늦은 봄바람
한 잎, 두 잎 꽃잎이 스러질 때
두견새는 울음을 삼키고
풍경도 조용히 떨린다

목탁 소리 만고의 마음을 울리고
스산한 밤바람은 산사를 맴돈다

계곡을 타고 흐르는 물소리
가녀린 숨결처럼 스미고
어머니의 음성처럼 나직하다

초승달 기울면
별빛이 숨어들어 고요함을 깨우고
잠 못 드는 마음
별빛 틈에 조용히 머문다

해설

시간의 표정들을 현상하다

– 김보웅의 시세계

정 익 진
(시인)

　김보웅의 시에는 시간의 표정으로 가득차 있다. 자연과 사람이 창조한 물상의 표정들로 채워진 시간과 공간 속에서 시인의 시세계가 펼쳐진다.

　시간은 제동 장치가 없다. 경우에 따라서 빨리 흘러가기도 하고 더디게 가기도 하지만 시간은 나도 모르는 사이에 흘러간다. 시간은 환경이나 조건에 상관없이 항상 일정하게 흐른다는 것이 일반적 견해이지만, 현대 물리학에서는 시간은 상대적이고 변화하는 개념으로 해석한다. 20세기 접어들어 아인슈타인의 상대성이론에 따라 시간의 흐름은 절대적인 것이 아니라 조건에 따라 달라진다는 사실이 오늘날 과학계의 정설로 자리잡았기 때문이다. 그의 이론에 의

하면 사람들은 저마다 다른 시공간을 경험하며, 중력이 강하거나 관찰자가 빠르게 움직일수록 시간은 실제로 더 느리게 흐른다고 한다.

 지구보다 중력이 강한 행성에 위치하거나 다른 사람보다 빠르게 움직이는 사람에게는 시간이 더 천천히 흐른다. 시간은 매 순간 우리 곁에 존재하지만, 언급한 바와 같이 주체의 상황에 따라 시간의 체감온도는 달라진다. 그것은 시간의 흐름에 따라 시간의 영향권 안에 속하는 모든 사물도 변화함을 의미한다. 1분 전과 1분 후에도 물상은 변한다. 변하지 않은 것처럼 보이지만 미세한 차이를 드러낸다. 이 차이가 변화이다. 시간은 다양한 표정을 하고 다층적인 보폭으로 우리에게 다가온다. 그런 의미에서 시간의 변화는 다차원적인 개념이다.

 김보웅의 시는 이러한 다차원적인 시간의 변화를 묵묵하게 주시한 다음, 담담하게 수용하는 삶의 태도를 지닌다. 시간이란 캔버스 위에 아련한 무늬를 새긴다. 시인은 자신에게 주어진 시간에 최선의 삶을 살았으므로 그에게 있어 과거란 자신 자신에 대한 후회나 회한보다는 가족이나 친우들과 함께한 추억을 의미한다. 김보웅 시인의 시에 드러난 시간은 아름다운 것에 대한 그리움이며 남겨진 시간을 더욱 충족하며 살기 위해 현재라는 시간대를 최대한 활용하고자 하는 여백을 의미한다. 시인에게 시간이란 일종의 감각이며 표정이다. 그 시간은 우리의 오감을 비롯하여 감각으로 닿을 수 있다. 손을 뻗어 시간의 감각과 표정을 만져 보라.

봄이 되어 목련이 피어오른다. 목련이라는 시간은 무엇을 의미하는가.

1. 목련과 고목의 시간

산책길
길목에 서 있는 한 그루 목련
그 앞에서 걸음은 멈춘다

하얀 솜처럼
가지 위로 흰새들이 무리지어 앉은 듯
목련의 꽃망울은
시간 속에서 피어오른다

설한풍에 흔들리는 여린 마디마다
고귀한 지조가
침묵의 껍질을 뚫고 솟아난다
그것은 소리 없는 선언처럼
겨울의 잔해를 가른다

구름은 낮게 머물다 스치고
산새는 흔적을 남기지 않는다
목련은 흩어진 바람을 붙잡아
공간과 시간을 이어준다

봄이 오는 길목에서
한 그루 목련은
눈을 감은 채
우주의 작은 떨림이 된다
그 침묵 속에서
나는 잠시
내 안의 봄을 깨운다

- 「목련」 전문

  목련이 가진 외모상의 특징보다는 목련이 가진 내면적인 모습을 그려낸다. 그 모습은 심오한 철학적 깊이로 다가온다. 시인은 지금까지 보았던 목련과는 사뭇 다른 방향으로 우리를 이끈다. 목련의 음성에 귀 기울이고 사람들의 뒷모습에서 목련의 모습을 발견하기도 하는 화자의 마음은 자연과 인간에 대한 사랑으로 가득하다. 목련은 시인의 손을 빌어 침묵의 껍질을 뚫고 솟아나 "소리 없는 선언처럼 겨울의 잔해를 가른다"라는 탁월한 문장을 쓰게 만든다.

  시인은 목련뿐만 아니라 만물이 소생하는 봄의 기운을 노래한다. 화려하게 피어오르지만 쉽사리 져 버리는 목련의 속성을 말하는 대신에 우주의 작은 떨림으로서의 목련을 표현한다. 자연을 바라보는 시인의 세심한 눈길이 느껴진다. 목련뿐만 아니라 지상의 꽃들은 거처가 없다는 생각에 이른다. 목련의 거처가 우주이기 때문이다. 스스로 피었다가 스스로 지는 목련을 생각하는 이 시의 화자는 "나는 잠시 내 안의 봄을 깨운다"고 말한다. 우주 속의 목련보다 목련 속의 우주가 더욱 잘 어울리는 시다.

고목은 어떠한가. '고목이여 잘 있는가' 라고 인사를 건넨다면 고목은 어떤 반응을 할까. 고목은 오랜 시간 말없이 견디는 자의 모습을 보여준다. 혹자는 나무가 혹독한 겨울 추위에도 죽지 않는 이유는 봄을 기다리고 있기 때문이라고 말한다.

> 이름 없는 능선 위의 버려진 좌표
> 주목 한 그루,
> 살아 천년 죽어 천년 병사처럼 버티고 있다
>
> 뼈만 남은 팔다리
> 말라 붙은 관절 속
> 움켜쥔 기억은 아직 움직이지 않는다
>
> 홀로 우뚝 서서
> 무엇을 기다리며 무슨 생각을 할까!
> 질문은 돌아오지 않고

기다림은 흙 속에 잠긴다

태어난 여기에 흙이 되어
오랜 침묵을 거름 삼아
말 없이 새싹 하나 밀어 올린다

언젠가 돌아오는 계절의 틈
고목에도 꽃이 필려나

― 「고목,」 전문

인용시의 고목은 나무껍질이 붉은 빛을 띠고 속살도 붉다는 주목朱木이라는 나무이다. 시의 내용대로 '살아 천년, 죽어 천년'이라는 말이 있을 정도로 오래 살고, 죽어서도 썩지 않고 그 자리를 지키고 서 있는 나무로 잘 알려져 있다. 고목이 만약 '견디는 자'라면 단순한 차원의 인식을 넘어, 역사적 사건, 개인의 삶, 혹은 자연의 순환 등 다양한 시간의 흐름과 그 흔적의 상징적 의미를 지닌다. 더구나 위의 시 속의 고목은 인도의 고행자들처럼 뼈만 남은 팔과 다리의 모습이다. 이들은 다양한 수행 방식을 통해 영적인 깨달음을 추구하는 사람들로서 사두(Sadhu)라고 불린다. 힌두교, 자이나교, 불교 등 다양한 종교적 배경을 가진다. 고행은 고통스러운 자세나 단식을 포함한 극한의 온도를 견디며 도의 경지에 이르고자 한다. 일체의 감각적 욕망을 끊고 정신적인 자유의 획

득이 이들 수행자의 목표이다.

 이 목표를 성취하기 위해 그들은 참된 삶과 생의 본질을 향한 본원적 추구를 위해 현실을 초월하여 신비의 영역에 닿고자 하며 일상과 상식의 가벼움을 털어내고 정신적으로 최상의 경지에 이르고자 한다. 결국 "오랜 침묵을 거름 삼아/ 새싹 하나 밀어 올리"는 결과물을 얻는다. 이 결과물이 해탈이 아닐까 추론해 보지만 과연 무엇을 의미하는지는 알 수 없다.

 수행자가 견디는 시간과는 달리, 현실을 살아가는 우리는 단지 가을이라는 계절이 다가오기만 해도 깊은 명상에 들 준비가 되어 있다. 가을은 어디쯤 오고 있을까.

2. 가을의 표정

    무엇에 쫓기듯
    뒤돌아보는 발소리
    가랑잎 따라 걷다 보면
    황금 들녘의 향기가
    가만가만 등을 두드린다

    가을은
    더 깊은 오솔길을 걷고 있고
    산과 들은 횃불처럼 타오르는데

나는 어디로 가고 있는 걸까
구름이 묻는다

가을빛 스며드는 언덕에서
익어가는 향기를 들이마신다
그리움처럼 번지는 냄새
낙엽 진 호숫가를 거닐면
산 너머 머무는 조각 구름이 손짓한다

기러기 떼 날아드는 지평선 너머
꽃마을로 향하는 빈 지게
봄이 오면 떠나는 철새처럼
나는 어디를 향해 가고 있는 걸까

가을이 깊어질 무렵
조용히 물어 보자
가벼운 단풍잎에게
그곳이 어디든
천천히, 아름답게
걸어가 보자

- 「어디쯤, 가을,」 전문

마치 한 폭의 그림을 보는 듯 한눈에 들어오는 가을의 풍경이 펼쳐진다. 가을의 아름다운 요소가 한 점도 빠짐없이 총망라되어 제자리를 찾아 빛을 발한다. 그러나 화자의 모습은 무엇엔가 쫓기는 듯하다. 무엇에 쫓기는 것일까. 구체적이고 물리적인 어떠한 존재에 의해 쫓기는 것이라기보다는 어쩌면 심리적으로 쫓기고 있는 것이 아닐까 유추해 본다.

 가을은 우울한 계절이다. 낙엽이 지고, 살아 있는 물상들이 빛을 잃어가기 때문이다. 하지만 위의 시에 나타난 화자는 가을을 예찬한다. 가을빛 언덕을 비롯하여 오솔길, 호숫가 등등, 이들 자연이 선물한 그대로를 깊이 들이마시면 온몸에서 전율이 돋으며 원색의 마술이 펼쳐진다. 가을은 푸른 하늘 아래서 조용히 사색思索하는 계절이다. 한여름까지 여러 곳을 떠돌며 방황하던 내 영혼도 뒹구는 낙엽 소릴 들으며 마음을 가다듬는 시간이다.
 하지만 화자는 "나는 어디로 가고 있는 걸까." 또다시 자문하거나 "봄이 오면 떠나는 철새처럼" 이러한 구절들로 미루어 보아 인생에 대한 답을 찾지 못한 것 같다. 인간이란 끊임없이 떠도는 자의 운명을 가지고 태어났기 때문이다.

 사계절이 차례대로 표정을 바꾸어 가듯 우리의 삶도 계절 따라 그 표정이 변하기 마련이다.

> 어느 순간
> 비바람이 소리 없이 지나가고
> 산봉우리에 하얀 눈송이 하나 피어난다

가슴은 아직 봄인데
생각은 어느새 가을을 걷는다

아지랑이 피는 꽃밭을 향해
달려가려 하면
다리가 마음을 따라오지 못한다

그제야 알겠다
시간은 언제나
마음보다 먼저 걷는다는 걸

나도 모르게
삶의 흔적들이
천천히 나를 바꿔놓고

이마엔 밭고랑 같은 주름이 이어지고
얼굴엔 가지꽃 같은 시간이 피었다

연두빛 잎사귀는
어느새 단풍 옷을 갈아입고
거울 속 그 얼굴은
익숙하면서도 낯설다

나조차 모를 만큼 변한 얼굴 앞에서
놀란 가슴 멍하니 머문다

- 「변신,」 전문

    나이듦에 따라 얼굴이 바뀌고 표정도 변하는 것은 자연의 당연한 섭리이다. 봄이 되어 내 얼굴에 봄꽃이 피어나고 여름이면 내 얼굴은 신록이 가득 찬 여름 숲으로 변한다. 그러다 가을이 되면 내 얼굴에 초록의 싱싱함이 사라지고 마른 잎들이 푸석거린다.

달갑지 않은 변화이지만 수용해야만 한다. 그것을 우리는 잘 인식하고 있다. "가슴은 언제나 봄인데/ 생각은 언제나 가을을 걷는다"며 한탄한다. 겨울은 어떠할까. 봄을 기다리는 마음은 가을이나 겨울이나 거의 엇비슷하다. 어쩌면 겨울이 더욱 혹독할 수도 있겠다.

3. 겨울의 표정

차창을 타고 흘러내리는 빗방울,
세상은 번진 잉크처럼
흐릿한 물결로 얼룩진다

비에 젖은 벚나무 가지는
마지막 잎새를 내던지며
바람 속에서 방향을 잃은 질문이 된다

텅 빈 가슴 속,
옛 친구의 얼굴은
흑백 사진 속 번진 그림자처럼
기억의 조각들 사이로 흩어진다

겨울비는 쉼 없이 내리며

> 빗방울마다 잠들었던 시간을 두드린다
> 깨워진 기억은
> 언제나 제멋대로 흐르고,
> 그 흐름 속에서
> 나는 다시 길 잃은 자신을 만난다
>
> ―「겨울비,」전문

 봄비가 지상의 생물들에게 생명력을 부여해 준다면, 겨울비는 추억을 떠올리기에 더욱 적합하지 않을까. 계절에 따른 비가 각각 다른 느낌으로 전해진다는 것은 누구나 인정하는 바이지만 물리적으로도 그 형성 과정에서 다소간 차이를 드러낸다.

 일반적으로 봄비는 주로 남쪽을 지나는 저기압의 영향을 받는다. 열대 기단이나 양쯔강 기단의 지배하에 내리며, 남서쪽에서 수증기를 머금은 구름이 한반도를 통과하며 내리는 비이다. 이에 반해 겨울비는 시베리아 고기압의 영향을 받으며 북쪽에서 내려온다. 찬 공기가 상대적으로 따뜻한 바다 위를 지나며 비구름대가 만들어지고, 이로 인해 비가 형성된다.

 비가 내리는 현상은 언급한 바와 같이 자연과학적인 과정을 거친다. 하지만 시인들이 느끼는 비는 감성적 자극을 주는 비이다. 내리는 빗소리를 들으며 지나간 추억을 되새겨 본다거나 잠들었던 시간을 깨우기도 하는 역할을 한다. 위의 시에 따르면 비로 인하여 깨어난 기억이 반드시 좋을 수만은 없는 듯하다. 좋지 않은 기억을 괜시리 깨워 심리적 번민을 가져왔기 때문이다. 마음의 구석에서 눈을 감고 있던 상처가 되살아난다거나 다른 사람에게도 나쁜 영향을 끼칠 수도 있지 않을까 하는 염려를 느낄 수 있다.

사람의 기억이란 통제하기 불가능하다. 이로 인해 길을 잃어버리고 더욱더 깊은 수렁에 빠지기도 한다.

어스름 골목길 뒤돌아보면
구석구석 때 묻은 흔적들
소리 없이 스쳐간 세월만 한탄한다

산 정상에 내린 하얀 눈꽃은
춘삼월이 와도 녹지 않으니
시냇물 길러다 녹여나 볼까
가물거리는 발자취가 돋아나려나

대롱 대롱 매달린 나뭇잎새처럼
세찬 비바람 불어올까 숨죽이는 가슴
어린 아이는 어른이 되어 가고
노인은 어린 아이가 되어 간다

물안개 핀 물레방앗간 소리
청춘을 찾는 부르짖음인가
메아리는 정적을 불태운다

지금 이 순간이 행복이라면
향기 가득한 술 한 잔이면
그저 좋은 벗이 된다

- 「어스름에 기대어,」 전문

어스름에 기댄다는 표현이 여러 가지 생각을 낳는다. 어스름은 조금 어둑한 상태나 그런 때를 말한다. 해질녘이나 새벽처럼 빛이 사위어 들기 시작하는 시간이다. '어스름', 아름다움과 추상적인 이미지가 동시에 떠오르는 단어이다.

어스름에 기댄다는 것은 정신적으로 무너진 상태이다. 기진맥진해서 더이상 견디지 못할 때 터져 나온 행위이다. 정신적인 탈진이다. 뒤를 돌아보며 내가 살아온 흔적을 바라본다. 그런데 내가 그리 잘 살아온 거 같지가 않다. 무슨 까닭인지 저 산 위의 눈은 녹지도 않았다. '녹지 않는 눈'은 겨울의 표정이며 삶의 회한을 의미한다. 이러한 극단적인 계절의 흐름 속에서 빛과 어둠의 순간들을 다시 생각하게 만든다.

어둠이란 오류를 상징하는 말이다. 어둠을 반복하지 않기 위해서는 깨달음이 필요해 보인다. 휘어진 마음을 올바른 행동으로 옮겨야 한다. 이러한 과정

속에서 우리는 자신의 삶을 더욱 풍요롭게 만들 수 있다. 결국, 단순히 과거를 회상하기보다는, 그 체험을 통해 현재와 미래를 개선하는 데 중요한 도구로 활용해야만 한다. 이에 대한 화자의 의지가 인용시의 내용이다. 현실이란 무게가 눈덩이처럼 부풀어 무서운 속도로 내 앞으로 다가온다 해도 결코 물러설 수 없다는 화자의 의지를 피력하고 있는 시편이다.

시간은 늦거나 빠르게 흐를수도 있지만 결코 거꾸로 가지 않는다. 이쯤에서 바라보니 시간은 어느새 성큼 내 옆으로 다가와 단호한 표정을 짓는다.

4. 황혼의 표정

마음이 수정알 같으면
보이지 않는 곳도 잘 보일 텐데

눈비 맞은 산길을 걷다
지친 걸음에
무거운 짐을 내려놓고
스치는 바람에
시 한 편 실어보낸다

가볍게 걷자
남은 인생의 고개

고희도 산수도
언제 어디로 지나갔는지
잊은 지 오래다

번잡한 마음은
나뭇잎처럼 떨쳐내고

봄날처럼
그냥 즐겁게 살아보자

숲에서 불어오는 향기를 마시며
새 옷을 갈아입은 듯
단정히 숨을 고른다

이제는 그저
가벼운 마음 하나로
조용히, 살아 있음을 느끼며
머물고 싶다

- 「이제는, 그냥」 전문

인용시의 제목 '이제는, 그냥'을 입속에서 중얼거리다 보면 어느새 달관의 경지에 이른다. 나이가 들면서 마주하게 되는 낯선 변화와 상실감은 자연스럽게 다가오기 마련이다. 피할래야 피할 수가 없다. 오랜 세월 자신이 몸담고 최상의 능력을 발휘했던 삶의 현장에서도 노화로 인해 일의 능률이 저하되는 경우가 발생한다. 그는 탁월한 지도력을 발휘하여 다양한 모임을 이끌며 활발하게 활동하던 사람이었다. 그랬던 그가 활동력이 둔해지거나 사람들과의 만남이 줄어드는 상황에 이른다면 큰 상실감을 느낀다. 자신이 잘하던 일들을 더이상 잘하지 못하는 상황으로 인하여 자신감을 상실한다. 스스로가 무기력한 존재가 되었다는 절망감을 갖게 되면서 깊은 외로움에 빠질 수 있다.

아리스토텔레스는 '인간은 사회적 동물'이라고 말한다. 사람들의 대다수는 저 깊숙한 숲속에서 혼자 살아갈 수 없다. 사람들은 관계를 유지하며 그 관계를 유지하려고 노력하며 살아가는 것이 일반적이다. 또한 괴테는 '노인의 삶은 상실이다'라고 말을 남겼다. 사람은 늙어 가면서 다섯 가지의 것을 상실하며 살아간다고 한다. 건강, 돈, 일, 친구, 그리고 꿈이다. 괴테의 말처럼 우리의 삶은 상실의 삶이며 특히 생로병사生老病死는 인간의 일생을 가장 적절하게 표현한 말이다. 키워드는 바로 노老와 사死이다. 사람들은 자신들은 늙지 않을 것처럼 또는 죽음은 자신의 것이 아니라고 생각한다. 하지만 이미 이 세상에 태어난 사람들은 로老, 병病, 사死의 과정을 거칠 수밖에 없다. 특히 죽음은 누구에게도 예외 없이 거쳐야 할 마지막 관문이다. 이러한 절망감에 사로잡힌 영혼은 과연 무엇을 할 수 있을까. 인용시의 화자처럼 삶의 미련을 나뭇잎처럼 떨쳐내고 '이제는, 그냥' 살아가고자 한다. 될 수 있는 대로 자산만의 시간을 맞이하려 한다.

 이제는 그냥, 수평선을 향해 끝없이 달려가고 싶은 시간이다. 수평선 위로 퍼져가는 황혼을 호흡할 시각이다.

>생각이 머무는 그 끝
>수평선은 말 없는 경계다
>
>파도는 잔잔한 손짓으로
>바다와 하늘의 경계를 어루만지고
>구름은 흐릿한 그림자로
>꿈의 잔상을 드리운다
>수평선 너머
>보이지 않는 끝이
>나를 부른다
>
>옅은 안개 속에서
>시간은 구름을 타고 흘러가고
>그리움은 파도의 속삭임 속에
>흩어졌다가 다시 모인다
>수평선의 침묵은
>언어가 되지 못한 감정들
>그들이 머물다 가는 무형의 집이다
>
>노을은 황금빛 띠로

수평선을 감싸고
내 그림자는 물결 위에서
흩어진다
나는 끝없이 이어지는
수평선의 숨결에 귀를 기울인다

그 끝에서
나는 멈춘 채 흘러간다
수평선은 침묵으로 모든 것을 품고
그 품 속에서
나 또한 하나의 파도가 된다

– 「수평선」 전문

"생각이 머무는 그 끝/ 수평선은 말 없는 경계다" 그렇다. 수평선이 아득하듯이 이 문장도 아득한 수평선처럼 느껴진다. 이 시에서는 파도가 중요한 역할을 한다. 파도가 바다와 하늘의 경계를 어루만지며 수평선과 소통하고 있기 때문이다. 그러나 수평선은 말이 없고 수평선 너머 알 수 없는 존재가 나를 부른다. 하늘과 바다를 갈라 놓는 수평선은 마음속의 경계선이다. 그 경계는 눈으로만 볼 수 있는 가시적인 세계를 지우고 심연 속에서 제2의 심상을 창조한다. 따라서 누구든지 이 한 획의 선 앞에 서 있으면, 보이는 세계 너머에 있는 보이지 않는 세계에 직면하게 되며 마음이 고요해져 나의 깊숙한 내면을 바라볼 수 있을 것이다.

 일상에서 지루함, 슬픔, 괴로움, 기쁨, 즐거움 등의 감정들과 부대끼면서 꿈과 자유를 갈망한다. 바다와 수평선을 바라본다는 것은 존재의 이면을 살피는 일이다.

 수평선을 배경으로 그리움이 파도를 타고 어디론가 흘러갔다 다시 모여들기도 한다. 그러는 사이에도 시간은 흘러가고 황금빛 노을이 수평선 위로 펼쳐진 하늘로 퍼져 간다. 노을빛에 물드는 중후한 남성의 옆 얼굴이 떠올랐다가 다시 황혼 속으로 파묻힌다. 파도는 끊임없이 움직이고 수평선은 말없이 이 모든 시간을 품고 있다. 시간이 얼마나 흘러야 수평선이 되는 것일까. 파도가 얼마나 일렁거려야 마음의 수평선이 그어지는 것일까.

 그 사이 또 시간은 흘러가고 황혼의 표정이 바다 위로 떠오른다. 이제 남은 시간은 오로지 나의 것이다.

5. 나의 시간

> 메마른 순간 속
> 공허의 어둠이 깃든다

내 어리석음에
　　　속을 태우는 자문과 되물음

　　　의미 없는 웃음,
　　　잊으려는 기억들
　　　머언 기적 소리 전율에
　　　가라앉은 공상들을 조용히 지운다

　　　나는 그저
　　　메아리로 남고 싶을 뿐
　　　겨울 바다의 겸손과 지혜처럼
　　　수평선이 다가올 때까지
　　　영혼 깊은 곳의 울림을
　　　하회탈의 서글픈 웃음으로 감추려 한다

　　　낙엽이 뒹구는 세월의 틈새에서

　　　　　　　　　　－「세월의 틈새에서,」 전문

　위의 시에서도 여러 가지 철학적 물음을 내포하고 있다. 우리의 문제는 언제까지나 풀리지 않는 의문을 남긴 채 영원히 지속된다. 화자는 말한다. 우리의 순간은 메마른 순간들이라고. 메마른 순간들은 사랑이 고갈된 상태라고 말할 수 있다. 사랑이란 자기 자신의 문제이기도 하지만 인간다운 삶의 조건 제1순위에 둘 수 있다.

　인류에 대한 사랑을 우리는 간과할 수 없다. 그래

서 인용시의 화자는 심적인 갈등을 겪는다. 약간의 회한과 후회도 엿보인다. 어쩔 수 없이 나로 인하여 벌어진 일은 그 일이 무엇이었던 간에 나의 일들이다. 내 시간 안의 영향권에서 벌어진 일들이다. 물론 다가오는 시간도 나의 시간이다. 내 존재의 시간이며 오로지 나의 것이다. 황혼의 축제가 끝나 갈 시간이다. 이제 나의 시간은 메아리가 되어간다.

시간이 멈추어 버린 공간, 거울 속에 비친 나의 모습을 바라본다.

> 둥근 달처럼 내 얼굴
> 거울 위에 뜬다
> 한때는 풀잎처럼
> 싱그럽던 시절도 있었으나
> 지금은
> 세월의 밭고랑이
> 낯선 이방인을 품는다
>
> 미동도 없이 굳어버린
> 석고상 같은 얼굴
> 시간은 이곳에 나이테를 새긴다
> 찡그리지 말라고
> 오늘은 웃어보라고
> 툭 툭
> 양 볼을 잡아당겨 본다

거울 앞,
카멜레온 한 마리가 서성인다
어느새 내 얼굴 속에 녹아들어
푸른 눈동자로 변한다

초저녁의 길 위 그 눈동자는
나를 대신해 외출에 나선다

카멜레온의 발자국 속에서
나는 잠시 나를 잊는다

- 「거울 속 카멜레온」 전문

 이 시편에서는 유독 얼굴에 대한 묘사를 자주 거론한다. 거울 속의 얼굴들, 석고상 같은 얼굴, 급기야는 화자 자신이 카멜레온으로 변한다. 너무나 급작스러운 변화지만 속절없이 흘러가는 시간에 대한 격렬한 반응이다. 변해가는 시간을 거울을 통해 바라보는 자, 그것이 바로 나이다. 카멜레온처럼 얼굴이 변해도 결국은 나의 얼굴이다. 카멜레온의 외피를 두르고 외출에 나선다. 그리고 '나는 나임을 잠시나마 잊는다'라고 말을 맺는다. 다른 사람으로의 변신을 꿈꾸는 인간의 비밀스런 욕망을 얼핏 드러낸 것처럼 보인다.

 나는 나를 벗어나 도심을 벗어나 바다 위의 점 하

나가 된다. 나는 이제부터 섬이다. 고요하게 흐르는 시간 속에서 나는 섬 같은 표정을 하고 만물의 속삭임을 듣는다. 섬이란 외로운 존재다. 화자는 극단적인 외로움에 처한 자신을 굳이 감추려 들지 않는다.

6. 섬의 시간

텅 빈 하늘가에 하얀 점 하나
소리 없이 번지다
그림자처럼 스며들어 사라진다

바람이 파도를 부추기면
부서지는 물살 너머
등대 불빛은 보일 듯 말 듯
조각배 하나, 묵묵히 갈 길을 찾는다

명산 팔부 능선에 앉아 바라보니
나는 작은 섬
시류의 거센 바람에 나부끼며 흔들린다

찬바람이 스치면
휘어진 가지 끝에 매달린 잎새 하나, 둘
가을빛 옷으로 갈아입고
산울림 속으로 흩어지며 사라진다

구름 속 초승달처럼

나도 점점 고요한 작은 섬이 되어간다

– 「섬」 전문

　등대의 불빛을 바라보는 섬의 시선은 화자의 눈길이다. 때론 그 빛이 바스라지고 보일 듯 말 듯 가물거리기도 하지만, 그 시선은 깊고 따뜻하며 선명하다. 헛된 희망이 아니라 바로 희망 자체를 의미하는 눈빛이다.

　김보웅 시에 나타난 다양한 시간의 표정들은 그의 삶의 모습이다. 그 시간은 시 속의 화자가 치열하게 살아온 삶의 흔적이며 목련의 시간이며 황홀한 황혼을 호흡하는 시간이다. 삶의 유한성을 인정하며 구름 속의 초승달처럼 고요히 섬이 되어 가는 동시에 그의 시가 노래가 되어 사람과 자연의 아름다움을 들려준다. 내가 할 수 있는 것은 다 이루었지만 이루지 못한 그 무엇을 위한 나날들이 두 팔을 벌리고 기다린다.

　또 다른 관점에서 보면, 김보웅 시가 추구하는 바는 획일화된 삶의 틀에서 벗어나, 자신만의 고유한 휴식과 취향을 즐기는 삶에 있다. 시간의 중요성을 기억하고 매일매일에 충실하기를 바라는 심경이다. 말년을 맞아서도 후회할 일이 없도록 기도하는 심정이며, 비록 힘겨운 삶이 닥쳐도 이를 극복하고 아름답게 삶을 살아갈 수 있다는 메시지를 담고 있는 시가 김보웅의 시라고 말할 수 있겠다.

 김보웅의 시가 보다 널리 읽히기를 바란다. 많은 이들에게 위로의 손길이 되어 공감으로 다가가기를 바라는 마음 간절하다.

빛남시선 165

김보웅 시집 **바람의 악보**

초판인쇄 | 2025년 8월 10일
초판발행 | 2025년 8월 20일
지 은 이 | 김보웅
펴 낸 곳 | 빛남출판사
등록번호 | 제 2013-000008호
주   소 | (49370) 부산광역시 사하구 감천로 21번길 54-6
　　　　　T.(051)441-7114 F.(051)244-7115 E-mail.wmhyun@hanmail.net

ISBN 979-11-94030-20-1(03810)

값 15,000원

＊이 시집은 2025년 부산광역시, 부산문화재단 〈부산문화예술지원사업〉의
  지원을 받아 제작하였습니다.